Marlies Busch

Basteln mit Knetwachs
Dekotipps und Spielideen

Basteln mit Knetwachs

Inhalt

- 3 — Was du brauchst und wie du vorgehst
- 5 — Viel Glück und alles Liebe!
- 7 — Festlich geschmückter Geburtstagstisch
- 9 — Bunte Blumenwiese
- 10 — Osterzeit
- 12 — Allerlei Kriech- und Krabbelgetier
- 16 — Reife Früchtchen
- 18 — Gruselgestalten
- 20 — Endlich Ferien!
- 22 — Leuchtende Meerestiere
- 24 — Ungewöhnliche Pflanzenbewohner
- 26 — Winterzeit
- 32 — Impressum

Was du brauchst und wie du vorgehst

Das gehört auf den Basteltisch

Knetwachs in verschiedenen Farben
Knetunterlage (Klarsichthüllen)
Nudelholz
Holzstäbchen
Messer
Schere
Ausstechförmchen
Dochtbaumwolle
leeres Teelicht
Kerze
Zange
Modellierbesteck

So arbeitest du mit dem Knetwachs

Die in diesem Buch gezeigten Kerzen sind aus Knetwachs hergestellt, das es in verschiedenen Farben zu kaufen gibt. Du kannst die Farben auch miteinander mischen. (Wie das geht, steht auf der ersten inneren Umschlagseite.)

Um mit dem festen Knetwachs arbeiten zu können, musst du es zunächst geschmeidig machen. Das geschieht durch kräftiges Kneten. Du kannst das Knetwachs aber auch in einem Behälter in die Sonne oder auf die Heizung stellen und es so weich bekommen.

Alle in diesem Buch gezeigten Kerzen bestehen aus Rollen, Kugeln oder Eiformen. Manchmal werden die Rollen an einem Ende breit gedrückt; sie bilden dann die Füße einer Figur. Oder die Rollen werden in Scheiben geschnitten und können so zu Blumen geformt werden.
Es ist auch möglich, aus den Wachsplatten mit Hilfe von Förmchen Kerzen auszustechen.
Einen schönen Farbeffekt erzielst du, wenn du zwei verschiedenfarbige Wachsplatten übereinander legst.

Nachdem du eine hübsche Kerzenform hergestellt hast, musst du sie als Nächstes mit einem Docht versehen. Dazu benötigst du die Hilfe eines Erwachsenen, denn die Dochte müssen erst einmal in heißes Wachs getaucht werden, damit sie später brennen können. Du brauchst dafür weißes Knetwachs, eine Zange, eine Kerze und einen leeren Teelichtbehälter.
Fülle in den Teelichtbehälter etwas weißes Knetwachs und halte ihn anschließend mit Hilfe der Zange über die Kerze. Wenn das Wachs geschmolzen ist, tauchst du den Docht ein. Er saugt sich jetzt mit Wachs voll.
Nachdem der Docht abgekühlt ist, schneidest du ihn zu. Er muss so lang sein, dass er bis zum Ende deiner gebastelten Kerze reicht und noch etwa 2 cm darüber hinaus schaut.
Mit einem Holzstäbchen stichst du nun tief in deine gebastelte Kerze. Das geht am besten, wenn du das gleich nach dem Formen machst, denn dann ist die Kerze noch weich.
Den Docht schiebst du mit Hilfe des Holzstäbchens in das entstandene Loch.

Vorsicht: Immer darauf achten, dass die Kerze auf einer feuerfesten Unterlage steht, wenn du sie anzündest!

Viel Glück und alles Liebe!

Ein Glücksbringer oder ein kleines Herz bereitet nicht nur zum Geburtstag viel Freude...

Das wird gebraucht

Knetwachs in verschiedenen Rottönen und Weiß
Ausstechförmchen für Pilz und Herz

So wird's gemacht

Lege für die Pilze (Foto Seite 5) zwei vorgewärmte Knetwachsplatten in Rot übereinander und drücke sie an. Für die Herzen verwendest du Wachsplatten in verschiedenen Rottönen. Es sieht auch schön aus, wenn kleinere Herzen auf größere gesetzt oder verschiedene Rottöne gemischt werden. (Wie das geht, steht auf der ersten inneren Umschlagseite.)

Die Pilze bekommen noch weiße Tupfer aus kleinen Knetwachskugeln, die zwischen den Fingern gerollt werden.

Die Dochte bringst du an, wie auf Seite 4 beschrieben.

Viel Glück und alles Liebe

Festlich geschmückter Geburtstagstisch

Diese Kerzen wird das Geburtstagskind bestimmt gerne ausblasen, denn schließlich will es sich noch lange an dem hübsch geformten Namen und den bunten Blumen erfreuen.

und Zahl(en) gebogen. Die Enden werden mit dem Messer gerade geschnitten.

Für die Geburtstagsblümchen werden von den restlichen Wachsstücken kleine Scheiben abgeschnitten und zu Blumen geformt. Sie können auch ausgestochen werden.

Das wird gebraucht
Knetwachs in Rot, Gelb, Grün und Blau
evtl. Ausstechförmchen für die Blumen

So wird's gemacht
Für den Namen und die Jahreszahl werden vorgewärmte Wachsplatten zu etwa 1 cm dicken Rollen geformt und diese zu Buchstaben

Die Dochte werden, wie auf Seite 4 beschrieben, angebracht.

Im Frühling

Bunte Blumenwiese

Diese Schmetterlinge gaukeln nicht durch die Lüfte, sondern verbreiten einen schönen Lichtschimmer. Natürlich fühlen sie sich zwischen einem bunten Kerzenblumenstrauß besonders wohl.

So wird's gemacht

Für die Blume benötigst du vorgewärmte Wachsplatten in den Farben Rot, Blau und Gelb und für die Schmetterlinge in Lila und Gelb.

Die Blumen bestehen aus zwei aufeinander gesetzten Wachsplatten der gleichen Farbe, die Schmetterlinge aus jeweils einer Wachsplatte. Stich die Formen aus. Die Blumen bekommen einen dicken Punkt in die Mitte, den du aus einer zusammengedrückten Wachskugel herstellst.
Die Schmetterlinge werden mit kleinen Punkten verziert.

Die Dochte werden angebracht, wie auf Seite 4 beschrieben.

Das wird gebraucht

Knetwachs in Blau, Lila, Gelb, Rot und Grün
Ausstechförmchen für Blumen und Schmetterling

Da staunt der Osterhase

Osterzeit

Ob dieser Osterhase die Eier wohl mit Buntstiften aus Knetwachs angemalt hat?

Das wird gebraucht
Knetwachs in den Farben Braun, Gelb, Grün, Rot und Blau

So wird's gemacht
Der Osterhase besteht aus zwei braunen Knetwachskugeln. Die größere hat einen Durchmesser von etwa 3 cm, die kleinere einen von etwa 2,5 cm. Für die Ohren formst du zwei Rollen, drückst sie anschließend platt und ritzt sie in der

Osterzeit

Mitte mit einem Holzstäbchen ein. Der Hase hat Füße und Pfoten aus breit gedrückten Wachsrollen und Augen sowie eine Nase aus kleinen Wachskugeln. Die Barthaare bestehen aus dünnen Wachsrollen.

Die Ostereier wurden aus verschiedenfarbigen Knetwachsstücken hergestellt. (Wie du Farben miteinander mischen kannst, erfährst du auf der ersten inneren Umschlagseite.)

Für das Bleistiftinnere benötigst du eine Rolle mit einer Länge von 10 bis 12 cm und einer Dicke von etwa 1 cm aus vorgewärmtem Knetwachs in der gewünschten Farbe.

Für die Ummantelung wird Knetwachs dünn ausgerollt und um den Kern gewickelt.
Das Ende wird mit einem Messer gerade abgeschnitten und die Spitze wie ein Farbstift spitz zugeschnitten.

In diese Spitze wird dann der Docht gesteckt. Wie der Docht angebracht wird, steht in der Anleitung auf Seite 4.

Allerlei Kriech- und Krabbelgetier

Solche bunten kleinen Tiere mit und ohne Beine wirst du in der Natur vergeblich suchen. Bei dir zu Hause kannst du jedoch jede Menge davon über Tische und Regale kriechen und krabbeln lassen.

Das wird gebraucht

Knetwachs in Rot, Blau, Gelb, Grün, Braun und Schwarz

So wird's gemacht

Schlangen und Schnecken
Die vorgewärmten Wachsplatten werden zu Rollen geformt. Für die Schlangen benötigst du jeweils eine Rolle.

Die Schnecken werden jeweils aus zwei Rollen hergestellt. Die eine wird spiralförmig zu einem Haus zusammengerollt und die andere als Schneckenkörper unter das Haus gedrückt.

Allerlei Kriech- und Krabbelgetier

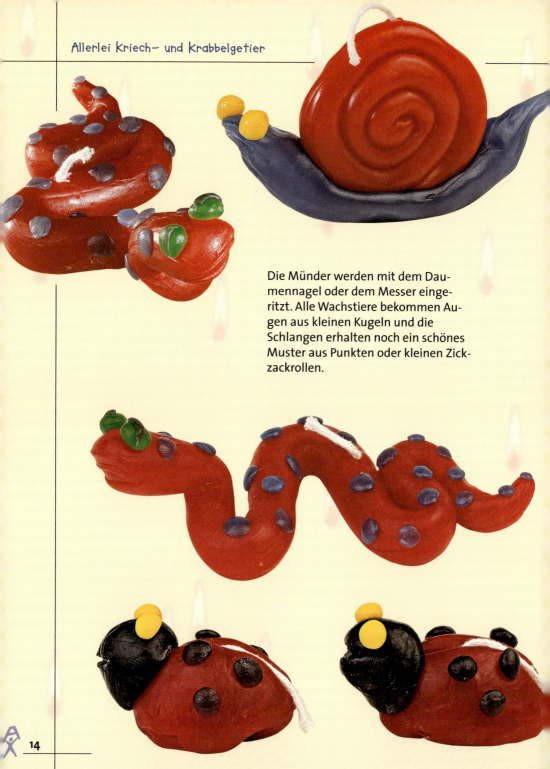

Die Münder werden mit dem Daumennagel oder dem Messer eingeritzt. Alle Wachstiere bekommen Augen aus kleinen Kugeln und die Schlangen erhalten noch ein schönes Muster aus Punkten oder kleinen Zickzackrollen.

Käfer und Spinnen
Forme aus den vorgewärmten Wachsplatten für jeden Käfer und jede Spinne jeweils eine Kugel mit etwa 3 cm Durchmesser.

Die Kugel für den Käferkörper wird in der Mitte eingedrückt. Anschließend wird eine zweite Kugel mit etwa 1,5 cm Durchmesser als Kopf auf den Körper gesetzt. Die Augen und Tupfen bestehen aus gelben bzw. schwarzen Wachskügelchen.

Der Mund des Käfers wird mit dem Daumennagel oder einem Messer eingeritzt.

Die Spinnen erhalten jeweils sechs Beine aus 7 cm langen und 1 cm dicken Rollen. Die Beine werden an einer Seite platt gedrückt und am anderen Ende an der Spinne befestigt. Die Spinne bekommt noch Augen aus Wachskugeln und einen Mund aus einer kleinen Wachsrolle. Die Dochte werden angebracht, wie auf Seite 4 beschrieben.

Die süßesten Früchte...

Reife Früchtchen

Schön knackig und frisch sieht das Obst aus und lädt jeden Vorbeikommenden zum Reinbeißen ein. Aber Vorsicht: Apfel & Co. sind ungenießbar und dienen nur als Augenschmaus.

Das wird gebraucht
Knetwachs in den Farben Braun, Gelb, Grün, Rot und Blau

So wird's gemacht
Bilde zunächst aus dem vorgewärmten Knetwachs eine Kugel oder eine ovale Form. Für den Apfel knetest du gelbes Wachs in den roten Hauptteil. (Wie das geht, liest du auf der ersten inneren Umschlagseite nach.)

Die Blätter bestehen aus kleinen platt gedrückten Eiformen, die an den Früchten angebracht werden.

Wie auf Seite 4 beschrieben, bringst du zum Schluss die Dochte an.

Gruselgestalten

Jetzt ist Geisterstunde im Bastelbuch angesagt – doch keine Sorge, hier sind sogar die Monster freundlich.

Das wird gebraucht
Knetwachs in Weiß, Lila, Schwarz, Rot, Gelb, Blau und Grün

So wird's gemacht
Das kleine Gespenst besteht aus einer weißen Kugel, die aus vorgewärmtem Knetwachs gebildet wird. Die Kugel wird auf einer Seite zu einem Gespenstergewand heruntergezogen und an den Seiten zu kleinen Armen geformt. Dann bekommt das kleine Gespenst noch Augen aus platt gedrückten Kugeln und einen Mund, der mit einer dünnen Rolle umrandet wird.

Die frechen Monster bestehen aus Kugeln oder Eiformen, haben Füße, die einseitig oder ganz platt gedrückt werden, und Augen aus kleinen Kugeln. Das eine Monster wird mit einem Mund aus einer dünnen Wachsrolle versehen, das andere mit einem Schnabel und Haaren aus kleinen spitzen Wachsrollen.

Die Dochte werden, wie auf Seite 4 beschrieben, angebracht.

Endlich Ferien!

Da kommt Urlaubsstimmung auf. Wer würde nicht gerne mit der Schildkröte unter der Palme tauschen?

Das wird gebraucht
Knetwachs in den Farben Gelb, Blau, Grün, Rot, Braun und Ocker
Zackenschere

So wird's gemacht
Für den Körper der Schildkröte formst du aus vorgewärmtem Knetwachs eine Kugel, die du auf einer Seite platt drückst. Die Beine bestehen aus vier kleinen platt gedrückten Kugeln. Der Kopf wird aus einer kleinen Wachskugel und die Augen werden aus noch kleineren Kugeln hergestellt.
Zuletzt wird die Schildkröte mit dünnen Rollen, die zu Ringen gedreht werden, verziert.

Die Palme wird aus einer braunen Knetwachsrolle geformt und auf eine ockerfarbene Insel gesetzt.
Die Blätter bestehen aus vier platt gedrückten Rollen, die mit der Zackenschere in Blattform geschnitten und auf den Stamm gedrückt werden.

Die Dochte bringst du, wie auf Seite 4 beschrieben, an.

Leuchtende Meerestiere

Bei diesen Fischen handelt es sich nicht nur um Schwimm-, sondern auch um Leuchttiere....

Das wird gebraucht

Knetwachs in den Farben Blau, Grün, Rot, Gelb und Lila

So wird's gemacht

Die Fische bestehen jeweils aus einer dicken Knetwachskugel für den Körper und zwei platt gedrückten Kugeln, die als Brustflossen dienen. Für die Schwanzflosse formst du ein Wachsstück zu einem Dreieck und setzt dieses hinten an den Fischkörper.

Die Rückenflosse knetest du aus der Körperkugel heraus, formst sie rund oder schneidest sie als Zacken mit der Schere zu.
Die Augen und die Verzierungen bestehen aus kleinen Kugeln und der Mund aus einer Rolle, die wie eine Lippe geschlossen wird. Beim grünen Fisch rechts im Bild wurde einfach eine Mundöffnung mit dem Finger eingedrückt.

Wie die Dochte angebracht werden, steht auf Seite 4 der Grundanleitung.

Was sitzt denn da?

Ungewöhnliche Pflanzenbewohner

Ob bunter Vogel oder feuerroter Dino, beide machen jede einfache Grünpflanze zu einem geheimnisvollen Tierunterschlupf...

Das wird gebraucht

Knetwachs in den Farben Rot, Blau, Grün, Gelb und Orange
Holzstab

So wird's gemacht

Der Vogel besteht aus einer größeren Kugel, die aus vorgewärmtem Knetwachs geformt wird, und aus einer kleineren Kugel, die als Kopf dient.
Die Flügel werden aus Rollen geformt und flach gedrückt. Die Füße bestehen aus Kugeln, die ebenfalls platt gedrückt werden.

Außerdem hat der Vogel noch einen roten Schnabel, den du aus einer Kugel spitzförmig knetest, und Kugelaugen.
Für den kleinen Kamm auf seinem Kopf formst du aus einer Kugel ein Dreieck.
Wenn der pfiffige Kerl in seinem Blumentopf einen guten Überblick haben soll, braucht er noch einen Holzstab als Halterung.

Der Dino ist etwas aufwändig zu arbeiten. Der Körper besteht aus einer größeren, der Kopf aus einer kleineren und die Nase aus einer noch kleineren Kugel. Alle Teile werden aus vorgewärmtem Knetwachs geformt.
Die Zacken auf dem Rücken werden aus den Kugeln gebildet, indem du das Wachs mit den Fingern zusammendrückst. Der Schwanz wird aus einer spitz zulaufenden Wachsrolle hergestellt, die du an den Körper ansetzt, die Schwanzzacken werden, wie oben beschrieben, gebildet.
Die Augen bestehen aus kleinen Kugeln und Arme sowie Beine aus Rollen, die an den Enden zu Händen und Füßen platt gedrückt werden.

Wie die Dochte angebracht werden, steht auf Seite 4 in der Grundanleitung.

Im Advent

Winterzeit

Diese bunten Winter- und Weihnachtskerzen sehen sowohl unter dem Tannenbaum als auch auf einem Geburtstagstisch schön aus.

Das wird gebraucht

Knetwachs in Grün, Gelb, Rot, Lila, Blau, Braun und Weiß
Ausstechförmchen für Tannenbaum, Teddy, Sterne und Nikolausstiefel

So wird's gemacht

Tannenbaum, Teddy, Sterne und Nikolausstiefel
Überlege dir zuerst, wie hoch die Kerze werden soll. Dementsprechend legst du zwei oder drei vorgewärmte Knetwachsplatten übereinander und drückst sie fest.
Nun stichst du mit dem Ausstechförmchen die gewünschte Form aus.

Dem Teddy verpasst du noch aus kleinen Wachskugeln Augen, Schnauze sowie Knöpfe und fertigst aus einer dünnen Rolle einen Mund.

Im Advent

Der Tannenbaum bekommt einen bunten Schmuck aus verschiedenfarbigen Knetwachskügelchen.

Der Nikolausstiefel steht aufrecht und bekommt ein »Fell« aus weißen Wachsplättchen.

Winterzeit

Im Advent

Schneemann und Geschenke
Der Schneemann besteht aus zwei unterschiedlich großen weißen Kugeln, die aus vorgewärmtem Knetwachs geformt werden.
Die Mütze samt Zipfel arbeitest du aus einem eiförmigen Knetwachsstück und setzt sie dem Schneemann auf.

Für die Nase rollst du etwas Knetwachs karottenförmig auf.

Der Schneemann bekommt noch Augen, Pompon und Knöpfe aus kleinen Kugeln und einen Besen aus einer Rolle, die einseitig platt gedrückt und mit dem Messer eingeritzt wird.

Winterzeit

Die Ausgangsformen für die Geschenke sind Kugeln, die zu Würfeln geknetet werden.

Das Band wird aus dünn ausgerollten Wachsplatten geschnitten und dann um das Geschenk gelegt.

Wie die Dochte angebracht werden, steht auf Seite 4.

Impressum

Die Deutsche Bibliothek – CIP-Einheitsaufnahme

Ein Titeldatensatz für diese Publikation ist bei Der Deutschen Bibliothek erhältlich.

Das Werk einschließlich aller seiner Teile ist urheberrechtlich geschützt. Jede Verwertung außerhalb des Urhebergesetzes ist ohne Zustimmung des Verlages unzulässig und strafbar. Das gilt insbesondere für Vervielfältigungen, Übersetzungen, Mikroverfilmungen und die Einspeicherung und Verarbeitung in elektronischen Systemen.
Die in diesem Buch veröffentlichten Ratschläge wurden von Verfasserin und Verlag sorgfältig erarbeitet und geprüft. Eine Garantie kann dennoch nicht übernommen werden. Ebenso ist die Haftung der Verfasserin bzw. des Verlages und seiner Beauftragten für Personen-, Sach- und Vermögensschäden ausgeschlossen. Jede gewerbliche Nutzung der Arbeiten und Entwürfe ist nur mit Genehmigung von Verfasserin und Verlag gestattet.

Fotografie: Annette Hempfling, München
Lektorat: Susanne Gugeler, Mering
Umschlaglayout: Angelika Tröger
Reihenkonzeption: Kontrapunkt, Kopenhagen
Layout und Satz: Petra Pawletko, Augsburg

AUGUSTUS VERLAG München 2001
©Weltbild Ratgeber Verlage GmbH & Co. KG.

Reproduktion: Typework Layoutsatz & Grafik GmbH, Augsburg
Druck und Bindung: Offizin Andersen Nexö, Leipzig
Gedruckt auf 135 g umweltfreundlich chlorfrei gebleichtes Papier.

ISBN 3-804-0751-5
Printed in Germany